TABLEAUX

MODERNES

PEINTURES SUR PORCELAINE, MINIATURES

Marbres et Bronze.

—✕—

EXPOSITION

Le Lundi 17 Avril 1865

VENTE

Le Mardi 18 Avril 1865, à 2 heures précises.

Cette Vente sera faite conjointement à celle de la Collection de M. de H...,
même Jour et même Salle.

Mᵉ A. PERROT
COMMISSAIRE-PRISEUR.

M. Francis PETIT
EXPERT.

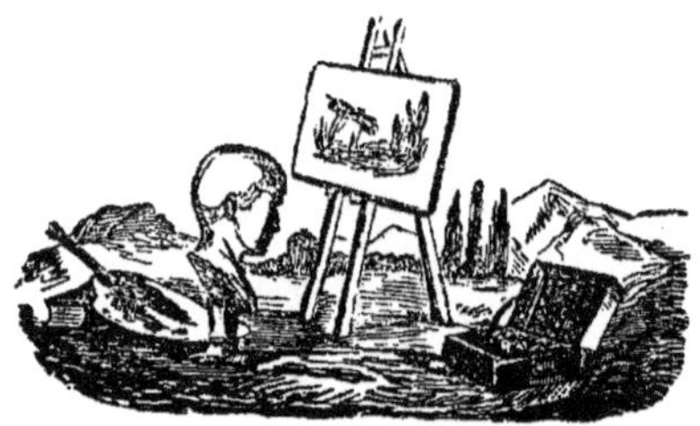

Renou et Maulde, Imprimeurs de la Compagnie des Commissaires-Priseurs,
rue de Rivoli, 144.   40181

CATALOGUE

DE

TABLEAUX

MODERNES

PEINTURES SUR PORCELAINE, MINIATURES

Marbres & Bronzes

DONT LA VENTE AUX ENCHÈRES PUBLIQUES AURA LIEU

HOTEL DROUOT

SALLE No 7

Le Mardi 18 Avril 1865

A DEUX HEURES PRÉCISES

Par le ministère de Me **A. PERROT**, Commissaire-Priseur,
place du Pont-Saint-Michel, 5,
Assisté de M. Francis **PETIT**, Expert, rue de Provence, 43,
Chez lesquels se distribue le Catalogue.

EXPOSITION PUBLIQUE

Le Lundi 17 Avril 1865, de une heure à cinq heures.

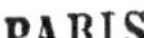

PARIS

RENOU & MAULDE

IMPRIMEURS DE LA COMPAGNIE DES COMMISSAIRES-PRISEURS

rue de Rivoli, 144.

1865

CONDITIONS DE LA VENTE

———

Elle sera faite au comptant.

Les acquéreurs paieront CINQ pour CENT en sus du prix d'adjudication.

TABLEAUX

ADAM

25 — Intérieur d'écurie.

H. 33 c. L. 47 c.

BAFCOP

26 — La Réprimande.

H. 35 c. L. 28 c.

BEAUME

27 — La Famille du Soldat.

H. 54 c. L. 45 c.

BEWER (CLÉMENT)

28 — Jeune Fille refusant des bijoux que lui présente une vieille femme.

H. 72 c. L. 57 c.

COURT

29 — Moine donnant sa main à baiser à deux femmes italiennes.

Tableau daté de Rome.— H. 80 c. L. 62 c.

DAVID

30 — Portrait d'homme en costume de gardien des Musées.

H. 99 c. L. 80 c.

DORCY

31 — Tête de Jeune Fille.

H. 53 c. L. 42 c.

GUDIN, 1828

32 — Marine avec bateaux de pêche.

H. 35 c. L. 55 c.

GUDIN

33 — Marine, effet d'orage.

H. 22 c. L. 31 c.

GUILLEMIN

34 — Enfants tenant un nid d'oiseaux.

H. 45 c. L. 37 c.

GUILLEMIN

35 — Entre deux feux !

H. 36 c. L. 45 c.

GUILLEMIN

36 — Tête de Petite Paysanne.

Forme ovale.—H. 60 c. L. 49 c.

GREVEDON

37 — Tête de Jeune Fille.

H. 58 c. L. 47 c.

HILLEMACHER

38 — La Poste enfantine.

H. 50 c. L. 62 c.

HILLEMACHER

39 — Les Bulles de savon.

H. 50 c. L. 62 c.

KNAUS

40 — Une Nuit de Noël en Allemagne.

Composition de huit à dix figures.

H. 98 c. L. 75 c.

MEYER (LOUIS)

41 — Entrée d'un Port.

H. 53 c. L. 70 c.

PAPETY

42 — Femme des environs de Naples et son Enfant.

H. 40 c. L. 31 c.

SASSO FERRATO (D'après)

43 — Figure de Vierge, les mains jointes.

H. 70 c. L. 58 c.

SCHEFFER (ARY)

44 — Portrait d'un Jeune Étudiant.

H. 65 c. L. 48 c.

STORELLI

45 — Vues d'Italie.

Deux pastels.

VERBOECKHOVEN

46 — Taureau près d'une mare.

H. 24 c. L. 32 c.

VERBOECKHOVEN

47 — Vache dans pâturage.

H. 19 c. L. 32 c.

VERBOECKHOVEN

48 — Mouton dans la campagne.

H. 16 c. L. 20 c.

PORCELAINES PEINTES

RAPHAEL (D'après)

49 — Sainte Famille.

H. 28 c. L. 23 c.

LÉONARD DE VINCI (D'après)

50 — Vierge et Enfant Jésus.

H. 50 c. L. 38 c.

MURILLO (D'après)

51 — Vierge et Enfant Jésus.

H. 25 c. L. 21 c.

RUBENS (D'après)

52 — Groupe d'Enfants portant des fruits.

H. 23 c. L. 30 c.

MIERIS (D'après)

53 — Le Trompette.

H. 31 c. L. 25 c.

~~~~~~~~~~~~~~~~

MINIATURES

54 — Portrait d'une Jeune Femme ; costume du temps de l'Empire.

55 — Portrait d'Homme ; costume de la fin du règne de Louis XVI.

56 — Portrait d'Enfant.

57 — Vénus cachée.

58 — Portrait de J.-J. Rousseau.

Miniature à l'huile.
~~~~~~~~~~~~~~~~

Miniatures en Camaïeux

59 — Portrait de Marie-Antoinette.

60 — Portrait de la princesse de Lamballe.

61 — Buste de Vitellius.

62 — Autre Buste.

63 — Portrait d'Homme.

64 — Portrait d'Homme.

MARBRES ET BRONZES

HIRON, 1856

65 — Tête de Jeune Fille voilée.

Marbre blanc.

66 — Une Main tenant une Couronne de fleurs.

Marbre blanc sur un socle en marbre gris.

67 — Lacoon.

Groupe en bronze.

Renou et Maulde, imprimeurs de la Compagnie des Commissaires-Priseurs.
rue de Rivoli, 144.   40481